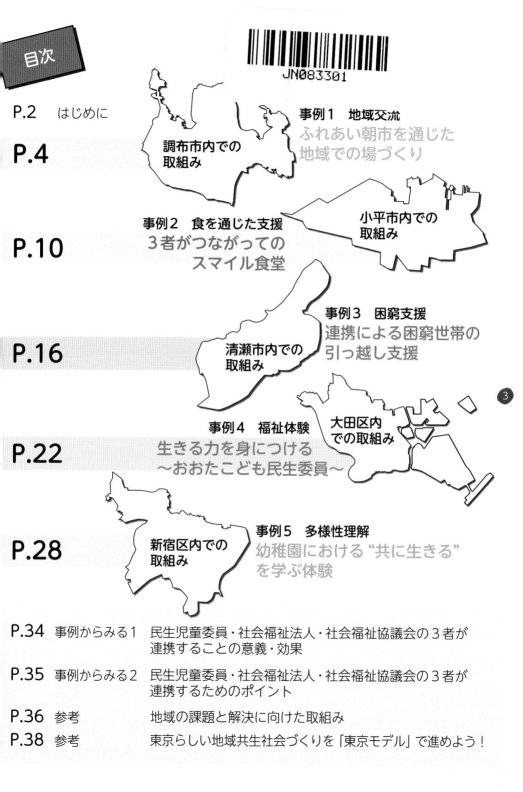

目次

JN083301

3

調布市内での取組み

「ふれあい朝市を通じた地域での場づくり」

感染対策を徹底しながら実施されました

　調布市の北ノ台地域では、年2回、野菜販売を中心としたふれあい朝市が開催されます。11月の秋のふれあい朝市では近郊農家で収穫された40種類以上の野菜で埋め尽くされ、例年200名以上の方が参加しています。

　会場では、新型コロナウイルス感染対策のため、一度に買い物ができる人数を制限し、受付から野菜販売、支払いまでのレイアウトの工夫を凝らしながら開催。そのような中、新鮮な地元野菜を購入できた満足感も相まって、買い物に訪れた住民同士や、住民とスタッフとのふれあいが各所で見られ、久々の再会に笑顔が溢れていました。

朝市の実施主体である、地域の多様な団体や個人が参画する「北ノ台まちづくりネットワーク (以下まちづくりネットワーク)※」会長 矢田部正照さんは下記のように話します。

　子どもからお年寄りまでの多世代や、この地域に新しく住み始めた人があいさつや言葉を交わし、顔見知りになり、つながりを深めていけるような場になればと思い、毎年朝市を開催しています。

　お年寄りで家に閉じこもり、外出をあまりしない方もいると知り、何か興味を持って地域に出てみるような機会が作れないかという思いもあり、朝市を続けてきています。

※全体あいさつの時のみマスクを外しています。

　高齢者等の来場は、まちづくりネットワークのメンバーである近隣の障がい者福祉施設がサポート。施設の送迎車を用いたピストンバスを２つのルートで利用することが可能で、重たい野菜を抱えての移動に不安を抱えている高齢者等にとっての足替わりになっています。

※「北ノ台まちづくりネットワーク」
　調布市が進める、小学校区をコミュニティエリアとし、地域住民や各種団体がつながり地域のまちづくりのために自主的に活動するネットワーク組織 (地区協議会) の１つ。構成団体は、地域住民、自治会、民生児童委員、保育園、福祉施設、社協、小学校、ボランティア団体等多様な団体が参画。

○ 民生児童委員としての朝市への参加

　まちづくりネットワークの朝市の活動には近隣の民生児童委員も参加し、会場案内やアンケート受付等を担当しています。

　開催の時期が近づくと、近隣の民生児童委員が地域を訪問する際、ひきこもりがち等気になるお宅には朝市のチラシを持っていき、当日の来場を声掛けするようにしています。

　また、この朝市に関わることで、地域に顔見知りが増え、普段の民生児童委員活動も行いやすくなっているということです。

　まちづくりネットワークにも庶務担当として深く関わっている主任児童委員の山口靜子さんは話します。

> 核家族化が進み高齢者と一緒に住んでいない人が多い中で、多世代が交流する場として、子育て世代にもとても良い機会と感じています。コロナ前の朝市は高齢の方が子どもたちに、紙飛行機やベーゴマ、ビー玉、メンコといった昔遊びを教えたり、豚汁が振る舞われて、交流する場になっていました。早くそのような形で実施できればと思っています。

> コロナ禍での朝市開催は、外出が制限される中、散歩がてら近所に出かけて見に行く場になっており、気晴らしやちょっとした交流を楽しむ時間になっているのではないでしょうか。

ふれあい朝市に関わっている、
民生児童委員のみなさん

◯ 地域での交流の場という視点から

　ふれあい朝市は、もともと社協が実施する事業として平成27年度にスタートしました。地域福祉活動計画推進のための委員会での「高齢化の進行」「世代間交流が少ない」といった声をきっかけとして、地域でのつながりを育むため、地域福祉コーディネーターが委員会委員とともに企画を検討していきました。畑が多数ある地域特性を活かした朝市を実現するために、関係各所に場の提供や広報・当日の運営等の協力を依頼していき実施の運びとなりました。その後、委員としても参画していた、まちづくりネットワークに朝市の実施が引き継がれ、継続した取組みとなっています。

事例1 地域交流

民生児童委員や、福祉施設をはじめさまざまな地域の団体や個人が連携していく中で、地域でのつながりが強くなり活動がだんだん広がっていきました。
朝市が地域での多世代交流の場になっていて、小さな子どもたちから高齢者まで、楽しみながら、顔の見える関係づくりを行うことができていると思います。
末永く発展しながら続けていければと思っています。

朝市の開始当時から会場として敷地を開放している、深大寺保育園園長の田中賢介さん

保育園はどうしても高いセキュリティーを保つ必要があり、地域から閉ざされた空間になりがちです。ただし、法人の理念や社会福祉法人としての地域での存在意義というところも含め、地域でのイベントには積極的に関わり、場を開放し、地域に溶け込み、必要と思ってもらえるような保育園にしていきたいです。コロナ禍での開催は、活動を止めてしまったら再開が難しくなってしまうのではとも考えられました。実際に開催すると、『開催してくれてありがとう』といった声もいただいたので、開催して良かったと思いました。

近隣の福祉作業所で制作された
手芸品も販売。
「地域にそのような施設がある
ということを知ってもらうことが
大切（矢田部会長）」

〇 多様なつながりによる取組みと継続する秘訣

　３者を含む多様な連携について田中さんからは、「イベントは、保育園だけではなく、民生児童委員や社協等とつながり、それぞれが連携することによって初めて成り立つものと感じています。自らが積極的に地域の人との交流に関わり、今後も継続した取組みを行っていきたいです」というコメントがありました。

　また、連携や朝市の継続について矢田部会長は、「朝市に関わっている50名ほどのスタッフも、無理のない範囲で楽しみながら活動ができていることが、つながり・続けられる秘訣かなと感じています。そうでないと、長く一緒に取組みができてはいないと思います」と話します。矢田部会長の言葉にも表れている通り、関わっているスタッフや来場者がその場を楽しんでいました。そのことが地域に根差して朝市が存在し続けている秘訣なのかもしれません。

　これからも地域での交流の場として、北ノ台でのふれあい朝市は、多様な主体が連携して存在し続けます。

9

北ノ台ふれあい朝市（2021・秋）の紹介動画は
こちらからご覧いただけます。

小平市内での取組み

「3者がつながってのスマイル食堂」

おなかを満たしてくれる、地域の愛情たっぷりのお弁当

10

　東京都小平市にある障がい者施設小平福祉園では、毎月第2・第4土曜日に、近隣の中学生や、生活にお困りの方・障がいをお持ちの方・お一人暮らしの高齢者等に対して、お弁当の販売・配付を行っています。

　当日は150食ほど作るため、施設職員や社協職員・近隣のボランティア等が協力しながら、午前の早い時間から調理を始め、容器に盛り付けていきます。今回のメニューは、からあげ弁当です。食材は、フードバンクや近隣農家・施設利用者の保護者等からの提供で賄われています。その時その時によって、入手できる食材が変わってくるので、お弁当のメニューは臨機応変に対応しています。

　でき上がったお弁当は、施設の外に設置した受付・配付コーナーで、温かい味噌汁やフードバンクから寄付されたインスタント麺・お菓子・飲み物等の食料品とともに、部活帰りの中学生等に手渡されます。受付は、近隣地区の民生児童委員が担当。地域での見守り役として、お弁当を受け取りに来た中学生との会話も弾みます。

大量の食材を一気に調理していきます

手際良く盛り付けていきます

）スマイル食堂のきっかけ

　もともと施設として、地域に貢献できることを行いたいという思いがあり、近隣中学校との施設開放等の交流が始まりました。1年ほどして、中学校の学校経営協議会メンバーにも加わり、そこで地域の主任児童委員である櫻井清子さんと出会います。櫻井さんは、要支援家庭や困窮家庭等の生徒がいることを気にかけ、何かできることはないかと学校とともに考えている状況でした。施設側と学校側で協議が続けられていく中、子ども食堂の実施を決意。

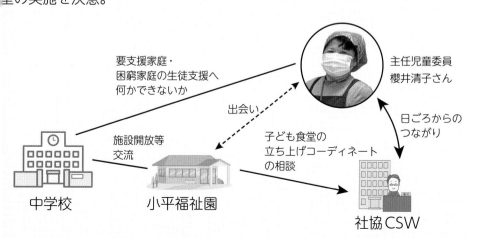

要支援家庭・困窮家庭の生徒支援へ何かできないか

主任児童委員
櫻井清子さん

出会い

日ごろからのつながり

施設開放等交流

子ども食堂の立ち上げコーディネートの相談

中学校　　　　小平福祉園

社協CSW

小平福祉園課長 外山良裕さん

食が中学生にとって
一番響くのではないか。

ちょうど同じ地域で地域福祉コーディネーター（以下CSW）をモデル配
置した社協に、子ども食堂の運営等の相談を行ったことをきっかけとし
て、地区の民生児童委員、福祉施設、社協の3者がつながることになりま
した。その後も、3者が一緒に話し合いに参加する中、子ども食堂立ち上
げに向けた準備が重ねられていき、平成30年2月に第1回スマイル食堂
が開催されました。施設内の講堂を、「だれでも食堂」として地域に開放。
民生児童委員をはじめとする地域の方によって調理された食事を食べな
がら、多世代の交流を楽しむ場として、多い時には350名もの方が参加し
ていました。

　立ち上げ当初について櫻井さんは振り返ります。

地域の子どもたちが安心して楽しく過ごすこ
とができる食のある居場所を施設が提供して
くださったのは、地域や子どもたちにとって
とてもありがたかったです。

地域の居場所としてのスマイル食堂

コロナの前は、民生児童委員が、地域の見守りの中で、スマイル食堂の案内チラシを配布して周知協力したこともあり、子どもから高齢者までの多世代の参加がありました。また、社協のCSW等が相談を受けた方をスマイル食堂につなぐこともありました。生活に困っている方や、誰ともつながっていない方を誘い、スマイル食堂の場に来てもらい、その場で食事や会話を楽しむなど、ちょっとした社会とのつながり・社会参加の場になっていたといいます。

しかしながら、コロナがまん延する中、開催方法の変更を余儀なくされます。1回目の緊急事態宣言下での活動休止を経て、それ以降は、対象を近隣中学校の生徒や、社協や民生児童委員等から話のあった方に限定し、開催方法も屋外での食堂開催を経て、現在のお弁当配付に形を変えながら実施してきました。コロナ禍において、継続して実施されている食の配付について、「気持ちが温かくなった」といった子どもからの声もあったということです。

また、仕事上の都合や、身体的・精神的な事情から、日中の時間に施設までお弁当を取りにいくことができない世帯には、社協が配達を行っています。

部活帰りの中学生にも人気のお弁当。生活に関わるデリケートな面もあるため、申込制にはせず、誰でも利用可能にしています。

13

　お弁当の感想等から始まる配達時のちょっとした会話は、生活状況の把握等も含む安否確認にもつながっています。

（小平市社協 CSW の北沢和也さん）
最初はインターフォンを押しても出てこなかったり、無断で出かけていて不在だったりした人が、月に2回の弁当配付が社会性や生活リズムを整える機会になっていて、(都合が悪いときには) 事前にきちんと電話をかけてきてくれるようにもなりました。

（小平市社協 CSW の菊池桂太さん）
玄関を開けて、生活状況が気になる場合は、子ども家庭支援センター等の専門機関にもつなぐようにしています。

上原さん　　北沢さん　　菊池さん

◯ スマイル食堂のこれから

　今後のスマイル食堂について、小平福祉園の外山さんは話します。

スマイル食堂は多世代の『だれでも食堂』としてスタートしたので、コロナが収まれば、以前のようなお話や交流のできる居場所としての役割に戻れればと思っています。

地区民児協会長の九鬼よね子さん（右）・副会長の大木幸子さん（左）

居場所としてのスマイル食堂が休止状態なので、ひきこもりがちになっている高齢者向けにもお弁当を届け、その後は外出のきっかけとして施設まで取りに来てもらえるような取組みができればいいですね。

（櫻井さん）

3者のつながりは普段の活動に活きている。つながることで顔を合わす機会が増えた。中学生との交流も、こちらが元気をもらえる。地域に民生児童委員という存在がいることを知ってもらい、将来的な地域の担い手につながってくれればいいですね。

（小平市社協 CSW の上原哲子さん）

スマイル食堂が地域で直接的にも間接的にも果たしている役割は計り知れないと感じています。地域とつながり、会場を提供してくださる福祉施設は、この取組みや地域にとってとても大切な存在です。また、その施設の思いにも寄り添う形で、近隣の民生児童委員の方々が、取組みの必要性を感じる中、自発的に関わってくださっています。その思いは尊重していきたいですし、とても感謝しています。

　民生児童委員、社会福祉法人（福祉施設）、社協がそれぞれの役割を果たし、良好な関係を築いて行われているスマイル食堂における食の支援は、地域における取組み実践の1つとして、これからも地域ニーズや状況の変化に対応しながら継続できたらという思いを持ち、3者が活動しています。

清瀬市内での取組み

イメージ写真

「連携による困窮世帯の引っ越し支援」

清瀬市では、市内22法人・34事業所の社会福祉法人がネットワークを組み、情報共有や地域における社会貢献活動の検討等を行っています。そのネットワークにおける複数法人と、社協や民生児童委員、地域包括支援センター等の連携により、生活に困窮する世帯の引っ越し支援が行われました。

令和元年8月ごろ、70代の高齢夫婦から、当選した市内にある都営住宅への引っ越し費用が捻出できないという相談が市役所を介して社協に寄せられました。

就労や年金・病気等の状況から、高額な借り入れは負担になるという判断により、生活福祉資金の緊急小口資金で借りられる10万円でやりくりを行うということになりました。

当時について、清瀬市社協の富田千秋さんは振り返ります。

> どのようにすれば10万円の中で引っ越し等ができるか考えた
> ときに社協単独では対応に限界がありました。そこで、市内の
> 社会福祉法人には運搬車があるのではという考えに至り、本人
> の居住地に近い社会福祉法人にお願いをしたところ、快くお引
> き受けいただきました。
> また、地域包括支援センターとつながっていなかったり、
> 日常の生活に関しても、民生児童委員の方にも気にかけて
> いただいていたほうが良いのではないかと思い、
> それぞれにつなぐ流れになりました。

都営住宅への入居期限が迫る中、まずは新居で生活ができるように整える必要がありました。10月初旬の引越し当日には、社協から2名、地域包括支援センターから2名、社会福祉法人から3名が参加し、最低限の荷物を運び出すところから行いました。

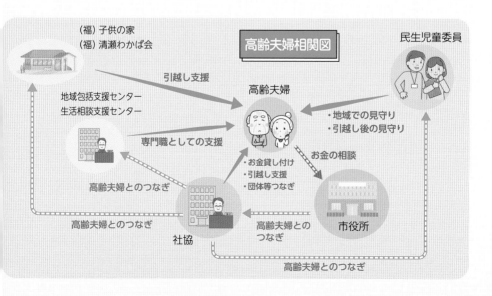

高齢夫婦相関図

清瀬わかば会スマイル青年（障害分野）所長の竹野晃さん

> 荷物が思った以上に多く、階段が急な2階に住んでいたので、冷蔵庫や洗濯機といった重たいものを除いて、バンに詰められるだけ詰めて運びました。

同じく引っ越し支援を行った、子供の家（児童養護施設）の長友麻里さん

> 引っ越し先の雑巾がけや、電気・ガス・水道の開栓作業等もサポートし、最低限テレビを見たり、眠れるような環境を作り、住めるようにすることを目標としました。

　転居先への移動後、本人たちと、地域包括支援センター、生活相談支援センター、民生児童委員、社協で会議を開催。顔合わせや、支援機関同士の役割・困った際のSOSの出し方を確認しました。

イメージ写真

地域に根差した社会福祉法人・民生児童委員として

（竹野さん）
　障害の事業所は、地域の方々の協力や支え・理解があって、成り立っている面があるので、我々が地域で貢献できることがあるのであれば、関わっていきたいという気持ちがありました。

子供の家の統括チーフ　竹内佳樹さん

　他分野の施設と一緒に地域の取組みを行ったことがなかったので、それ自体が画期的でした。

（長友さん）
社協とはもともとつながりがあり、何かしら手伝えればと思い参加しました。包括の方とは初めて引っ越しで一緒に動いたのですが、日ごろのネットワークの活動で名前と顔が一致してどのようなことを日ごろ行っているのか把握できていたので、動きやすかったです。既存の制度やサービスの活用ができない状況でも、みんなが連携し、プラスαの力で地域での支え合いができたという良さがあると思います。

引っ越し先の担当民生児童委員である山﨑文男さん

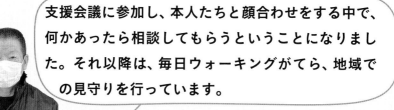

　支援会議に参加し、本人たちと顔合わせをする中で、何かあったら相談してもらうということになりました。それ以降は、毎日ウォーキングがてら、地域での見守りを行っています。

19

○ 連携・つながりによる取組み

民生児童委員と社会福祉法人等とのつながりについて、それぞれ話します。

（山﨑さん）
清瀬わかば会の送迎者をよく目にしたり、子供の家の前もよく通ったりしますが、つながりがなく、どのようなことを行っている施設なのかわかりませんでした。それは、他の多くの民生児童委員にも当てはまるのかもしれません。社協にも引き続きつなぎ役をお願いし、今回のようなきっかけで知り合いになれば、活動に広がりがでてくるのかもしれません。

（長友さん）
子どもの入所施設ということもあり、同級生の保護者等を除けば、全然知られていないのだなと思っています。もう少し、地域での認知度を高めていく必要があると感じています。

（竹内さん）
民生児童委員ともつながったことがなかったので今後、連携ができていければと思います。

きよせの社福
シンボルマーク

◯ 今後の継続した取組みの秘訣

　竹内さん・長友さんは、「本業も踏まえ、細く・長くつながっていき、できる範囲のことをお互いやっていくことが大事なのかなと感じています。また、異動等で担当者が変わっても、継続して取り組めるような組織内の理解や体制も大切と感じています」と話します。

　山﨑さんからはこのような趣旨の話がありました。

> 地域の施設等がつながっていくと今回のようなことができるというのは良いことだと思います。つながりというのも意識していきたいです。

（富田さん）
> 社協だけでは対応できない事案が多い中、民生児童委員はもとより、社会福祉法人にも、困っているという状況を投げかけられるようになったことは大きいです。また、社協として、地域でさまざまな団体や個人をつないでいくところは大切だと感じています。1つの支援の輪から別のつながりもでき、支え合いが広がっていくよう、連携した取組みを進めていきたいと思っています。

　これからの取組みとして、民生児童委員や地域住民・団体、保育園とともに、地域の子どもたちへの遊びの場・学習の場・交流の場づくりの検討も行っているといいます。多様な連携による今後の動向にも期待していきたいです。

大田区内での取組み

「生きる力を身につける～おおた子ども民生委員～」

子ども民生委員街頭募金
（歳末たすけあい・地域ふれあい募金）の様子

22

ひとり親家庭の小中学生を対象とした体験型の学習支援「れいんぼう」※は、複数の社会福祉法人（大洋社、池上長寿園、大田幸陽会、大田社協）の地域における公益的な取組みとして実施されています。その中の体験プログラムの一環として、「子ども民生委員」の活動が誕生しました。子ども民生委員は、未来の福祉人材の育成を目的としています。

立ち上げ当初の担当であった大田区社協の根本恵津子さんは語ります。

母子生活支援施設で生活する母子は、いずれ退所し地域に戻ります。地域で再び生活を始める際に必要な『生きる力』を身につける体験の一環として、身近な相談相手となる民生児童委員の活動を知ることと、そのような体験を通して、未来の福祉の支え手になってもらえればという願いも込めてスタートしました。

高齢者福祉施設の入居者への
メッセージカードづくり

今はサポートを受ける側の施設利用者が、将来地域に戻り、今度は地域を支える側に回っていくに当たり、民生児童委員と一緒に地域のことを考える体験は貴重なものですし、それを親に話すことにより、親も民生児童委員を知り、間接的ではありますが、地域とのつながりができるのではないかという趣旨で企画が進みました。

◯ 地域での福祉体験

　コロナ以前の「子ども民生委員」では、3つの取組みが行われていました。1つは、民生児童委員が地域でどのような取組みを行っているのか、スライドによる説明と訪問活動の劇（例：熱中症予防の取組み）を通して理解してもらうプログラム。2つ目は、高齢者個別訪問の疑似体験として、高齢者施設へ訪問し、高齢者と触れ合い、踊りを披露するというプログラム。そして3つ目は、歳末たすけあい街頭募金を民生児童委員と子どもたちが一緒に行うというものです。特に3つ目の街頭募金活動は、民生児童委員自身にとっても印象に残ることがありました。

子ども民生委員委嘱式
（コロナ前）

子どもたちが、積極的に大きな声を出して駅前で募金を呼び掛けていました。それにつられて、民生児童委員もいつも以上に大きな声で募金を呼び掛けました。子どもたちの姿を見て、募金をしてくれた人の数も多かったように感じました。

（阿部さん）
街頭募金は取組みの成果が形となって見えやすく、自分たちが地域とつながりながらできることを認識する上でも大事な要素と考えています。

（根本さん）
この『れいんぼう事業』は、歳末たすけあい募金の一部を財源として実施しています。地域で募金活動を行い、地域をめぐり自分たちの活動につながっているという、募金の循環のしくみを知ることも大切な体験になっています。

子ども民生委員の委嘱状

このように、対面での「子ども民生委員」体験は、子どもたちが民生児童委員のことを知り、実際に福祉体験を行う絶好の機会となっていました。

子どもたちが付けて活動するミンジーバッジ。
（※ミンジーは民生児童委員のイメージキャラクターです）

コロナ禍でのオンライン体験

　コロナ禍では、2か所の母子生活支援施設と民生児童委員（比戸会長）、社協がオンライン上でつながり、プログラムが実施されました。委嘱状伝達式を実施し、その後、社協の「福祉や民生児童委員の活動説明」や比戸会長からのコメントを経て、子どもたちが比戸会長にさまざまな質問をする機会になりました。

社協の現担当である高橋七海さん

『民生児童委員で大変だったところは何ですか？』『どういうところに気をつけて接しているんですか？』といった子どもたちの素直な質問に対して、比戸会長に丁寧に答えていただき、民生児童委員の取組みは特別なものではなく、地域での日ごろの生活に関わるものという理解が広がったのではないかと思います。子どもたちからは、『みんなの気持ちを考えられるようになりたい』、『いろんな人の役に立てるようになりたい』、『優しくなりたい』といった感想が聞かれました。

コロナ禍でもオンライン上でつながる機会を持てたことに意義を感じることができました。

オンライン活動の様子。
ミンジーからクイズも出され、
みんなで楽しみながら学びます。

（阿部さん）

子どもたちからは、自分が民生児童委員に委嘱された『うれしさ』や『頑張るという意気込み』が感想からも伝わってきたので、地域で民生児童委員という取組みがあることを小学生なりに理解できる場になっているのだと感じます。また、コロナ禍で外出も制限され、子どもたち同士共通の体験や思いを持ちにくい状況にあるので、オンライン上でも地域の人とつながりお話ができるという体験は、子どもたちにとって意義のあることだと思っています。

（比戸さん）

福祉というものを理解してもらい、困っている人がいたら手を差し伸べると同時に、困ったときには助けを呼ぶために声を上げることが大事ということを感じてもらえるような機会になっていたらいいですね。

※「れいんぼう」
　ひとり親家庭の小中学生を対象に「生きる力を身につける」ことを目標に実施される「学ぶ」「食べる」「動く」「体験する」という4つのプログラム。現在、区内2地区において取組みが進められている。

◯ 3者のつながりによる活動実施

　今回の取組みは、3者のつながりがあったからこそ実現できたものとそれぞれ口にします。

> （阿部さん）
> 子ども民生委員という活動を通じて、『福祉を理解する』という趣旨を民生児童委員と共有できたことが大きかったですし、つなぎ役としての社協の存在も大切です。

> （根本さん）
> 3者のつながりがあるのは本当に強みだと思います。地域の人に具体的な取組みを知ってもらう機会にもなりました。子どもたちにとっても、将来、民生児童委員という人たちが地域にいるということを改めて実感する時が来ると思っています。

> （比戸さん）
> 民生児童委員活動を通じて子どもたちと触れ合うことは、自分たちの活動意義や存在価値を見直したり、再認識させてもらう機会になっています。元気ももらえます。

　3者からは、今後も地域でのつながりを広げながら、さまざまな取組みを行っていければという声がそれぞれありました。今後も連携した更なる取組みを期待したいです。

新宿区内での取組み

「幼稚園における"共に生きる"を学ぶ体験」

当日作成された「ダイバーシティウォールパズルアート」の作品

壁一面に表現された創作作品。切り取った段ボールに自由に絵具を塗り、パズルのように組み合わせ、アーティストが白線を描いていきます。「ダイバーシティウォールパズルアート」と呼ばれる、さまざまな参加者がアート作品を作る過程を通じて生まれる一体感や達成感を共有する中で、多様な社会の理解を目指した取組みです。この作品は、新宿区立淀橋第四幼稚園で毎年実施されている創作活動の中で作成されました。

取組みのきっかけについて、淀橋第四幼稚園の園長 久保田恵美さんは話します。

> 『"ふれあい" から "育ちあい" へ』という園の経営方針もある中、『様々な人と共に生きる』ということを幼児なりに感じられるような取組みができないかと社協に相談したことをきっかけに、園児の日常的な創作活動が、障害がある方と一緒に行う取組みへとつながりました。

同園の主任 本常_{もと つね}美佐子さん

> 最初は車いすの方を目の前にびっくりしている子もいたのですが、ご本人や施設の方が親しみを込めて子どもたちに接してくれて、子どもたちも自然と色を塗ったり、話しかけたりして関わっている姿が見られました。

> 開園50周年を記念して、『めでたい！』という意味で鯛をモチーフにした作品になったのですが、取組み中の園児たちからは、できあがった作品を見て『わー！こんな大きな魚になったんだー！すごーい！』といった声が沸き起こっていました。

○ 社協としての地域でのつなぎ

　幼稚園から話があった時のことについて、新宿区社協の青木智恵さんは話します。

　多様性の理解に通じるような福祉教育ということでした。社協としては、地域にある施設の方々とつながる機会を作るということを１つのポイントと捉えています。施設に相談したところ、ダイバーシティウォールパズルアートの取組みを、園児と当事者の方と一緒に行うということになりました。

　また、このような事業を行う際には、民生児童委員にもお声がけしています。社協の取組みを知っていただくということと、地域の子どもたちの見守りという視点を兼ねてのことです。コロナ前は、５〜６名の方に当日のお手伝いをお願いしていました。地域にはいろいろな方が暮らしているということをそれぞれに知ってもらいたいという意図でつないでいます。

平成29年から始まった取組みは、今年で５回目を数えることとなりました。

さまざまな体験や交流を通じて共に生きるを学びます。

社会福祉施設や民生児童委員の視点から

この取組みをアーティストとともに継続的に実施している、社会福祉法人新宿区障害者福祉協会 専務理事 今井康之さんは語ります。

> 普段、障害がある方と触れ合う機会はあまりなく、障害の理解まで行き届かないのですが、アートの力を使い、一緒に作品を作り上げていく中で、『どのように接していったらいいのか』といった障害特性を知り、障害があってもさまざまなことができるということを知る機会にもつながっています。

> 当事者にも好評で、たくさんの方から参加希望の手が挙がります。園児は、躊躇なく接してくれて、当事者の手や足や顔にも絵具を塗ったりパズルを顔にくっつけたり（笑）当事者の方も喜び楽しんでいました。

柏木地区民生児童委員の塚本里子さん

> 日ごろの活動対象は、高齢者や、小さな子どもたちやそのお母さんが主で、障害がある方と直に接したことはありませんでした。お役に立てるか心配な面もありましたが、いざ参加してみるととても楽しく過ごせました。それぞれがニックネームで呼び合いながら作業する中で、雰囲気が和らぎ一体感が出て笑いが止まらない感じで。私も園児たちに髪の毛を絵の具で塗られてしまって（笑）。とても素晴らしい企画だと参加して感じました。

（今井さん）

子どもたちが『なんで歩けないんですかー？』と当事者に質問していて、それに対して『歩けないから車椅子に乗っているんだよー、乗ってみてー』と話し、車椅子に触らせたり、絵具を塗らせて交流する中で、車椅子に普段乗っている人も地域の中で一緒に暮らしていることを理解したり、一緒に活動ができるということを知ってもらう機会にしてもらえたらと思います。

○ 民生児童委員、社会福祉、社協の3者の連携について
つながりについて、それぞれの思いを話してもらいました。

（塚本さん）

困った人がいれば助けるというのは民生児童委員のスタンスですが、単独だと限界があり、行政や社協に相談したり、つないだりしています。やはり顔の見えるつながりは大事だと感じています。今回の取組みを通じた新たなつながりも大切にしていきたいです。

（今井さん）

民生児童委員、社会福祉法人、社協の3者がそれぞれの良さや得意な面を活かしながらつながり合うことで、1個人や1事業所では対応が難しいような地域課題（ヤングケアラー、8050問題、貧困等）にも向き合えるような地域ができ上がるのではないかと感じています。

（新宿区社協の出店富美さん）

区内44法人（施設）が連携して、社会福祉法人連絡会を立ち上げています。1つの団体だけではなかなか解決に結びつかないようなことでも、社会福祉法人同士や民生児童委員や学校といった地域の団体・個人とつながり複合的な視点で捉えていくと、住みやすい地域づくりにつながるのかなと感じています。

（青木さん）

地域での取組みを進めるためには、まずはお互いを知ることが大切で、何を地域課題と考えているか、何を行っているのかを知り・気づくところから始まるのだと思います。なので、3者の連携やつながりも大切で、社協としても引き続きつながりを作っていければと思います。

33

（久保田さん）

社会の一員としてみんなが共に生きているというところが大きなゴールなのだと思います。多様な主体がつながる中で、それぞれが抱えている地域課題を、みんなで解決していくことにつながっていくのだと感じています。

　それぞれが言葉にするように、民生児童委員、社会福祉法人、社協をはじめとする多様な主体がつながった取組みが始まっています。取組みが広がり、輪になっていくような地域づくりが期待されます。

※今回はコロナ禍でのダイバーシティウォールパズルアートの取組みとなりましたが、「できないではなく、できるように工夫して実施」という園の方針のもと、人数制限や衛生管理等を徹底した上で実施されました。

民生児童委員・社会福祉法人・社会福祉協議会の
3者が連携することの 意義・効果

平常時

① 単体では対応が難しいような地域課題に取り組める

② つながりが強くなり、活動・取組み自体の広がりが出てくる

③ 支援の輪が、別のつながり・支え合いに波及していく

④ 制度やサービスでは対応できない狭間の部分への更なる
　取組みにつながる

⑤ 地域での顔見知りが増え、普段の活動がしやすくなる

⑥ 自分たちの地域での活動・役割を再確認できる

⑦ 将来的な地域での担い手の育成にもつながる　　等

コロナ禍

コロナ禍でも臨機応変な対応が可能となり、
下記に関係する内容の実施・継続ができる

① 閉じこもりがちな人の外出のきっかけづくり

② 高齢者のフレイル・認知低下の予防につながる取組み

③ 親以外の大人との交流が減った子どもの交流機会の創出

④ 生活がギリギリ/不安定な世帯へのアプローチや支援

⑤ 地域での地縁関係や一体感の維持・創出に向けた取組み

⑥ 活動者の地域活動へのモチベーションの維持　　等

民生児童委員・社会福祉法人・社会福祉協議会の
3者が連携するための ポイント

① お互いを知り・学び・気づくことが大切
② 顔の見える関係づくりから始める
③ 細く長くつながり、それぞれができることから対応する
④ 無理のない範囲で（内容によって）楽しみながら行う
⑤ 普段の取組みの延長線上での関わり方を考えてみる
⑥ 地域に飛び込み一緒にやってみる
⑦ 抱え込まずに困っていることを仲間に投げかけてみる
⑧ 地域のさまざまな資源や特性を把握し活用してみる
⑨ 継続して取り組めるような組織内理解・体制を構築する
⑩（2者連携等から始め）支援の輪・つながりを少しずつ
　広げていく（3者を軸とした多様な主体の連携）
⑪ コロナ禍でも、形を変えてできることを考えてみる

いっしょに考え　いっしょに取り組み
少しずつ　つながりを拡げていこう

民生児童委員

現状と課題

・地域の身近な存在として住民や地域の福祉課題に親身に寄り添った活動を進めています。

・しかし、生活課題が重層化・複雑化し、地域の中で課題を抱えた人を把握することや、**民生児童委員個人の力では対応が難しくなって**います。

・また、深刻化する「民生児童委員のなり手不足」や「経験豊富な委員の減少」などの課題もあります。

取組み

・東京都民生児童委員連合会では、令和8年度までの10か年の取組みとして「**仲間とつくる地域のつながり**」をスローガンとした「東京版 活動強化方策」を掲げ、委員同士はもちろん、関係者、住民など地域のあらゆる主体の仲間とともに、「**支援力を高める**」ことや「**チームで動く**」こと、「**地域を結ぶ**」ことなど、5本の柱に沿った活動を推進しています。

地域生活課 制度の狭間や複

孤立、80－50、ご
ダブルケア、ひきこ
コロナ禍での生活困
生きづらさ

社会福祉協議 地域福祉コー

・個別支援、地域
行う **地域福祉コ**
置が進んでいます

・住民主体の理念に
をふまえた地域活

・地域にアウトリ
ちだったニーズ
につなげたり、既
きない課題につ
新しい活動を創
運営支援に取り組

参考

36